AF250689

LE

GACHIS PARLEMENTAIRE

EN

L'AN DE GRACE 1874

PAR

Ernest BOTTARD

ANCIEN ÉLÈVE DE L'ÉCOLE POLYTECHNIQUE.

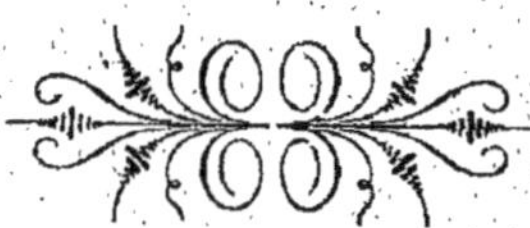

CHATEAUROUX

TYPOGRAPHIE ET STÉRÉOTYPIE A. NURET ET FILS

—

1874

LE
GACHIS PARLEMENTAIRE

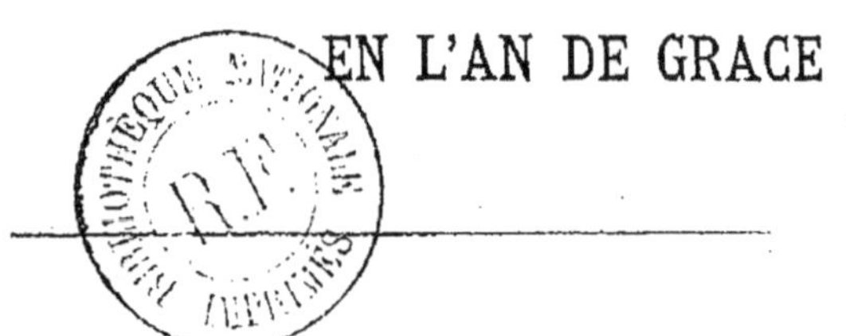

EN L'AN DE GRACE 1874

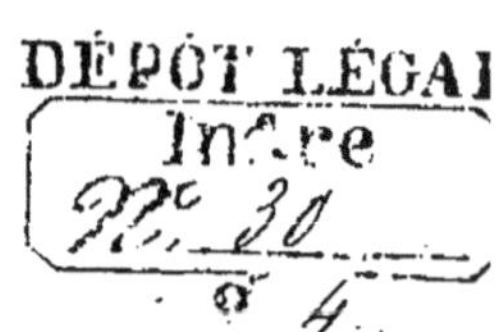

Jamais, dans aucun temps, le système parlementaire n'avait été appelé à montrer d'une façon plus éclatante ses défauts et ses inconvénients. Les partisans les plus sincères et les plus ardents de ce régime sont forcés d'avouer que, dans ces moments difficiles, il n'est rien moins que favorable à la tranquillité publique et à la bonne gestion des affaires. Le pays lassé, fatigué, par cette guerre continuelle des partis, demande avant tout un gouvernement fort et énergique, et se laisserait très-facilement aller à lui confier la dictature pendant un temps plus ou moins long. Heureusement nous avons à la tête de l'État un homme honnête et loyal, et, par suite, incapable de chercher, dans un but égoïste, à profiter de cette disposition des esprits.

Pour nous, sans méconnaître les difficultés et les dangers que le système parlementaire ajoute à notre situation déjà si embarrassée, nous croyons qu'il faut en agir avec lui comme avec le suffrage universel, c'est-à-dire le conserver, parce qu'il est essentiellement logique et rationnel. Rien de plus facile à démontrer, et cette démonstration dans les circonstances actuelles ne saurait être inutile.

Quand les nations sont arrivées à un certain état de civilisation elles ont le droit et le devoir d'administrer et de régler leurs propres affaires. C'est une vérité incontestable. D'un autre côté les citoyens ne pouvant tous participer directement au gouvernement, ont été conduits à choisir parmi eux un certain nombre de délégués ou de fondés de pouvoirs, chargés de les représenter et de gérer les affaires communes. Ces délégués en se réunissant pour remplir leur mission forment ce qu'on appelle les Assemblées nationales, les Chambres de députés, de sénateurs, etc.

Les membres de ces réunions politiques doivent avoir une liberté complète de discussion, car y apporter quelques restrictions serait les autoriser toutes, et par suite aller contre le but que l'on se propose. Donc, sauf les cas de droit commun, sur lesquels l'Assemblée est appelée à se prononcer, la personne des députés doit être inviolable. Ajoutons à tout cela un chef du pouvoir exécutif entouré de ministres capables et dévoués, chargé d'exécuter les décisions de l'Assemblée, et nous aurons le gouvernement par excellence, l'idéal du genre. Comme cette théorie est simple et rationnelle ! Il semble que tout doit marcher avec aisance et facilité ; hélas ! il n'en est rien, ce n'est qu'un songe trompeur, qu'une illusion agréable, que la pratique ne tarde pas à faire disparaître.

Le char de l'État, comme on dit vulgairement, au lieu d'avancer reste le plus souvent embourbé, car si bon nombre de députés le poussent en avant avec la meilleure volonté du monde, d'autres non moins nombreux se font un malin plaisir de le retenir, sous le frivole prétexte qu'il pourrait bien s'embourber davantage.

.De temps à autres ils veulent bien consentir à lui laisser faire quelques pas, mais à la condition qu'il leur sera bien démontré qu'il ne court aucun danger ; or, comme rien n'est plus difficile que de convaincre les gens qui font la sourde oreille, il en résulte que ce malheureux char après quelques oscillations, s'arrête au milieu des cris et d'une confusion inexprimable. Nos députés, tout en étant revêtus d'un caractère inviolable, n'en sont pas moins de simples mortels, soumis comme les autres à toutes les imperfections de la nature humaine. Ils peuvent donner carrière à leur langue et à leurs passions politiques, ils en usent et en abusent. Il est si doux d'interpeller un ministre, surtout quand on a l'espoir de le renverser et de se mettre à sa place, on a l'occasion de faire un petit discours dans lequel il est démontré que tout ne va pas pour le mieux dans la meilleure des républiques, que les affaires languissent, que l'opinion publique s'inquiète, qu'il faut apporter un remède à cet état de choses peu satisfaisant. Adoptez la République, dit l'un, et toutes les difficultés disparaîtront. Non, reprend l'autre, la République ce serait la fin du monde, la monarchie seule peut sauver la France. Là dessus quelques mots plus ou moins vifs sont lancés de part et d'autre, et aussitôt une douzaine d'orateurs se précipitent à la tribune pour expliquer ou pour retirer leurs expressions. Nos honorables représentants n'ont même pas l'air de se douter que ce sont ces discussions interminables et inutiles qui fatiguent et énervent le pays. Pour faire disparaître les plus graves inconvénients du système parlementaire, il suffirait, selon nous, de prendre les ministres en dehors des Chambres, et de n'envoyer dans ces Chambres que peu en point d'avocats ; espérons que ces idées finiront par faire leur chemin.

En attendant, si nos députés veulent calmer les inquiétudes et donner une nouvelle impulsion à l'industrie, ils n'ont qu'une chose à faire : sacrifier leurs idées personnelles, et s'occuper exclusivement de l'intérêt de la France. Mais on dirait qu'un esprit de vertige s'est emparé de tous nos hommes politiques.

Du temps du bon roi Louis-Philippe, et c'était déjà le bon temps, on comptait une droite, une gauche, et un centre, réunion de tous les vendus et de tous les satisfaits, comme on disait alors. Maintenant nous sommes en progrès, nous avons une extrême droite, une droite, un centre droit, un centre gauche, une gauche, et une extrême gauche. Chacune de ces constellations se divise en un nombre infini d'autres constellations plus petites, au milieu desquelles brille l'étoile principale. Telles sont les étoiles Gambetta, Ledru-Rollin, Périer, Christophe, Rouher, Viel-Castel, Belcastel, etc. Parmi tous ces astres plus ou moins éclatants, on en distingue un qui se donne un mal infini ; il court du centre gauche à l'extrême gauche, se glisse même jusque dans le centre droit, il semble chercher à entraîner à sa suite toutes les étoiles de bonne volonté. On l'écoute avec déférence ; mais les mécontents (car il y a des mécontents jusque dans le ciel même) disent tout bas que cet astre est bien vieux, qu'il brille depuis bien longtemps, qu'il est trop absorbant, et que, d'ailleurs, les évolutions auxquelles il se livre, sont pas trop perilleuses et par trop personnelles.

Dans tous les cas, le ciel qui couvre notre pauvre

France n'est pas, comme on le voit, dépourvu d'étoiles. Certaines gens prétendent bien qu'il serait à désirer qu'elles fussent moins nombreuses et de meilleure qualité, mais ce sont de méchantes langues, il faut les laisser dire. Quant à nous, fussent-elles de modestes lampions, nous nous en contenterons parfaitement, à la condition toutefois qu'elles voudront bien remplir le rôle pour lequel elles ont été créées et mises au monde. Autrement dit, nous les verrons avec plaisir renoncer à décrire ces courbes insensées dans lesquelles elle risquent à chaque instant de se briser les unes contre les autres, et se borner, en s'unissant entre elles, à nous envoyer quelques rayons, qui seront plus que suffisants pour éclairer le chemin qu'il nous faut parcourir. Mais pour étudier ces étranges évolutions, descendons des hauteurs célestes sur la terre, ce sera plus commode.

Au milieu de cette mêlée, de ce chaos complet, nous distinguons au premier rang, parmi les plus bruyants et les plus acharnées, les légitimistes et les radicaux. La bannière blanche fleurdelysée et le drapeau rouge marchent sur la même ligne, et leurs partisans réunis, sinon dans un fraternel embrassement, du moins devant le scrutin, donnent aux populations stupéfaites le spectacle de l'accord le plus touchant. Les uns veulent rétablir la royauté de droit divin, les autres veulent la faire disparaître à tout jamais de la surface de la terre : ils sont ennemis irréconciliables, et cependant ils se donnent la main.

Hélas ! c'est qu'il ont un but commun : renverser, détruire, quitte ensuite à s'entre-déchirer sur les ruines de la patrie expirante.

Que les radicaux agissent ainsi, il n'y a rien d'étonnant, ils ne peuvent vivre qu'au milieu des émeutes et du désordre, mais que des gens conservateurs par excellence, fassent sottement le jeu de leurs adversaires, sans avoir la moindre chance de faire triompher leur cause, c'est ce qu'il est impossible de comprendre. Les légitimistes pendant cette malheureuse campagne de 1870, ont montré un dévouement digne des plus grands éloges. Sacrifiant leurs idées personnelles pour ne s'occuper que de la patrie en danger, bon nombre de représentants de la plus haute noblesse, se sont enrôlés sous les drapeaux de la République. Ils ont abandonné aux radicaux et aux hommes du 4 septembre, les honneurs et les places; ils n'ont eu qu'une ambition, la plus noble de toutes, celle de verser leur sang pour la France. En voyant ces jeunes gens dont la vie inutile jusqu'alors s'était écoulée au milieu du luxe et de la l'oisiveté, marcher sur la même ligne que nos vieux soldats de Crimée et d'Italie, supporter comme eux le froid et les fatigues d'une campagne exceptionnelle, on se rappela avec plaisir ces vieux noms oubliés. Une réaction s'opéra en faveur de la noblesse, et le pays reconnaissant lui fit une large place dans l'Assemblée. C'était justice.

Hélas ! les temps sont bien changés, ce dévouement à la patrie, cette abnégation ont fait place à un entêtement aveugle et aux passions politiques portées aux dernières limites. Le pays en a ressenti une vive irritation dont les prochaines élections donneront la mesure. Que les partisans du droit divin après la démarche du comte de Paris, aient saisi cette occasion inespérée pour essayer de ramener le prétendant sur le trône de ses

pères, cela se conçoit. La France étonnée a assisté silen-
cieusement à cet essai de restauration. Le comte de
Chambord, par un motif ou par un autre, non-seulement
n'a pas aidé mais a découragé ses plus ardents défen-
seurs, et s'est rendu plus impossible encore qu'il-n'était
déjà. Les illusions ne sont plus permises, la monarchie
légitime est morte et bien morte, et nous n'en voulons
pour preuve que les louanges unanimes décernées par
tous les journaux aux manifestes du prétendant. Il n'est
plus à craindre, on lui en sait gré. En France, comme
partout ailleurs du reste, ce n'est guère qu'aux mourants
et aux trépassés que l'on accorde de pareils éloges.
Quant à nous si nous avions été partisans de Henri V,
nous aurions été beaucoup plus sévère. Un prince qui se
croit capable de rendre le calme et la prospérité à tout
un peuple, doit sacrifier sans hésiter ses préférences
personnelles à une mission aussi grande, surtout quand
il s'agit de la couleur d'un drapeau.

Quoi qu'il en soit ne pouvant vaincre la résistance opi-
niâtre de l'héritier des Bourbons, les monarchistes se
raillièrent à tous les conservateurs, et prolongèrent les
pouvoirs du maréchal Mac-Mahon pendant une durée de
sept années. On réservait d'ailleurs au pays le droit de
se prononcer au bout de ce laps de temps sur la forme
définitive du gouvernement. C'était naturel, la Chambre était divisée, il n'y avait aucune autre solution pos-
sible. Mais donner au maréchal le titre de président de
la République sans reconnaître la république provisoire
était absurde ; car cette république existait et existe encore, puisque nous n'avons ni l'Empire ni la royauté, et
qu'il n'y a pas d'autre gouvernement connu dans le

monde civilisé. C'était clair et limpide, mais les malins ont inventé un mot nouveau, le *Septennat*, et tout fut remis en question. Ce fut le commencement de cette étrange confusion, de ce gâchis sans nom au milieu desquels nous nous débattons, et dont on ne peut ou dont on ne veut sortir. Chacun s'est mis à interpréter le Septennat suivant ses idées ou plutôt suivant ses passions, ce qui fait qu'il y a autant de définitions que d'interprêtes. C'est la royauté de droit divin, la monarchie constitutionnelle, l'Empire, la République conservatrice, etc., c'est-à-dire tout excepté ce qu'il est réellement : un gouvernement en dehors de tous les partis, chargé de maintenir l'ordre et la tranquillité pendant sept années entières, et de rendre au bout de ce temps à la France réorganisée et calmée la libre disposition d'elle-même. Qu'importe le nom de ce gouvernement? donnez-lui si vous voulez le nom de Septennat ou tout autre, il n'en sera pas moins une république quelconque. Pour sortir de là il n'y a qu'un moyen, c'est de nommer le maréchal roi ou empereur, et nous aurons alors une royauté ou un empire provisoire. En sera-t-on plus avancé? Non, c'est évident pour tout le monde. Laissons donc de côté ces discussions byzantines, bonnes tout au plus à occuper les loisirs de messieurs les avocats, et songeons à organiser le pouvoir existant.

Mais avant d'organiser ce pouvoir, il faut savoir, nous dit-on, s'il doit être monarchique ou républicain. Ceux qui parlent ainsi montrent, il faut le dire hautement, une mauvaise volonté et une mauvaise foi évidente. Que l'on donne au Maréchal le droit de *veto* et de dissolution, que l'on nomme deux Chambres, et que dans le cas d'un malheur qu'il faut toujours prévoir, le pouvoir exécutif soit exercé par le président de la Chambre haute ou par un vice-président nommé *ad hoc*, on aura une constitution qui peut s'adapter tout aussi bien à une république qu'à une monarchie. Quand le définitif aura, dans sept ans, fait place au provisoire, s'il y a quelques détails à modifier rien ne sera plus simple. Telle est l'opinion unanime de tous les gens qui font passer avant tout l'intérêt de la patrie. On le dit, on le répète sur tous les tons, et si nos honorables représentants ne l'entendent pas c'est qu'ils le veulent bien.

Nous savons que certains orateurs de la Chambre ne voient le salut du pays que dans le définitif; mais ce définitif qu'ils veulent établir ne durera seulement pas un an, tandis qu'en organisant le pouvoir actuel et en le mettant au-dessus de tous les partis, on est sûr d'avoir sept années de tranquillité. Il ne suffit pas, en effet, de décréter le définitif pour en faire un article de foi ; dans l'espace de quarante années nous avons vu passer et disparaître les gouvernements de Charles X, de Louis-Philippe, de 1848, de Napoléon III, et tous cependant avaient reçu une consécration définitive. Ne nous faisons donc pas d'illusions et ne lâchons pas la proie pour l'ombre.

Du reste, à vrai dire, nous ne croyons guère aux illusions de ceux qui demandent à grands cris la proclamation du définitif, comme un remède souverain à tous nos maux ; ils sont loin d'être aussi naïfs, et nous font l'effet d'être tout simplement guidés par un intérêt personnel. Entrons du reste dans quelques détails, détails qui nous permettront de mettre bien en évidence les défauts du système parlementaire. Dans un pareil gouvernement, il peut arriver que le chef de l'État et ses ministres, tout en étant appuyés par la grande majorité du pays, soient renversés par la coalition des partis. Ces partis qui ne représentent chacun qu'une minorité peu importante, sont impuissants à rien établir, leur victoire est suivie d'une guerre acharnée qu'ils se font entre eux. Pour une nation comme la France à peine remise des secousses terribles qu'elle vient d'éprouver, cette guerre se traduit par des bouleversements continuels, des désastres financiers, en un mot par la gêne, et la misère générale. Quand on a bien bataillé, bien discuté, la majorité reprend forcément le dessus, et les différents partis se tiennent prêts à recommencer l'attaque à la première occasion favorable. On tourne indéfiniment dans le même cercle sans jamais en sortir. Dans ces luttes, l'ambition, l'amour-propre, les rivalités personnelles tiennent le premier rang, on combat pour un portefeuille, et l'intérêt général est mis de côté. C'est alors que brillent dans tout leur éclat, ces vieux parlementaires endurcis, roués, rompus à toutes les finesses du palais, car ils sont tous avocats. Ils argumentent, ils ergotent, ils cabalent, ils vous préparent un gâchis le mieux conditionné du monde, et quand ce gâchis est à point, et que personne ne s'y reconnaît plus, ils s'y plongent avec délice, ils y nagent avec volupté, et toute la foule imbécile d'applaudir et d'admirer.

Qu'on ne nous accuse pas de charger le tableau de couleurs trop sombres : tout ce que nous venons de dire, n'est, hélas ! que trop rigoureusement vrai, et rien n'est plus triste. Les conservateurs qui avaient été jusque-là le point d'appui du gouvernement, sont affaiblis, divisés, les uns se jettent dans les partis extrêmes, les autres s'arrêtent indécis, hésitants, ne sachant plus quelle route il faut suivre. Le centre gauche, qui aurait pu rallier à lui tous les débris de l'ancienne majorité, rend par son attitude la *conjonction* des centres si désirée et si désirable complètement impossible. Son alliance évidente, continuelle, avec les radicaux les plus avancés, éloigne de lui tous les monarchistes, et ils sont nombreux, qui faute de mieux auraient accepté la République conservatrice. Cette forme de gouvernement que nous préférons à toute autre parce qu'elle est la plus logique et la plus rationnelle, était adoptée ou plus tôt subie avec résignation par tous les partis, et cela pour la meilleure des raisons, c'est que ne pouvant s'entendre entre eux, ils n'avaient rien autre chose à mettre à la place. Tout fut remis en question par la faute de M. Thiers, nous ne cesserons de le répéter. Les avances maladroites, inutiles, qu'il fit aux radicaux, suivies des élections de MM. Barodet et Ranc, démontrèrent que la république conservatrice ne vivrait que ce que vivent les roses, l'espace d'un matin, et ferait place presque immédiatement à une de ses nombreuses sœurs d'un rouge beaucoup plus foncé. Après la chute de M. Thiers, le maréchal Mac-Mahon au lieu de se lancer dans les finasseries et le fameux système de bascule de son prédécesseur, se contenta de répondre de la tranquillité et de l'ordre matériel : c'était tout ce qu'il fallait, on se sentit rassuré. Les partis, toutefois, étaient restés aussi divisés et aussi impuissants ; cette malheureuse République conservatrice avait donc encore quelques chances de s'établir tout doucement, mais on avait compté sans le centre gauche. Cette portion de la Chambre guidée, dominée par l'ex-président, en suivit les errements et la politique. Tout en envoyant des sourires au centre droit, on fit une alliance ouverte avec toutes les gauches, on vota comme eux et avec eux, on appuya leurs candidats, et on en reçut le même service. On fit plus, on se pardonna de part et d'autre ces épithètes malsonnantes de « fou furieux » et de « vieux ramolli », en un mot il y eut un embrassement général. Il s'agissait de renverser le ministère Broglie, tous les moyens furent employés, le malheureux se défendit vaillamment, mais sa position était impossible. Il ne pouvait contenter une partie de la Chambre sans mécontenter les autres. Tiraillé d'un côté par les légitimistes, les impérialistes, les orléanistes, de l'autre attaqué suivant toutes les règles par la gauche disciplinée, que vouliez-vous qu'il fît ? « Qu'il mourut. » Un autre ministère lui a succédé, et dès le lendemain les mêmes luttes ont recommencé, on se bat avec acharnement, sans conviction, tout simplement pour revenir au pouvoir ; nous avons eu à peine le temps de transcrire ces lignes que déjà deux portefeuilles ont changé de maîtres. Il faut une vitalité énorme à un pays pour résister à de pareilles secousses.

On va même dans ces combats parlementaires jusqu'à oublier toute dignité. On se contredit du jour au lendemain ; non-seulement on n'en rougit pas, mais on s'en vante, on le proclame à la tribune, et c'est encore le centre gauche qui donne l'exemple. M. Bérenger reprend un projet de loi qu'il déclare excellent et contre lequel il a voté avant la chute du ministère Broglie ; M. Thiers vote contre la nomination des maires par le gouvernement, après avoir réclamé cette mesure comme indispensable ; enfin la gauche tout entière demande à l'Assemblée de proclamer la République définitive après avoir nié le pouvoir constituant de cette Assemblée. Les finasseries parlementaires mises en pratique par l'ex-président, ont tourné toutes les têtes, on veut être habile avant tout, on met de côté ses idées, sa dignité même, et l'on n'arrive le plus souvent qu'à être maladroit.

Eh ! Messieurs du centre gauche portez donc votre drapeau plus haut, tenez-le d'une main plus ferme, séparez-vous franchement, ouvertement, du parti radical qui vous perd et nous perd, vous agirez en dehors de toutes les règles parlementaires, soit, mais vous aurez derrière vous, nous le croyons du moins, la partie la plus nombreuse et la plus intelligente de la nation. Agir franchement, loyalement, on ne saurait trop le répéter, est encore la meilleure et la plus habile de toutes les politiques. Ces portefeuilles que vous désirez et que vous demandez avec un peu trop d'ardeur peut-être, iront pour ainsi dire au devant de vous. En voyant vos succès inespérés, les yeux des vieux parlementaires s'ouvriront à la lumière, et vous aurez peut-être la gloire de convertir à votre système jusqu'à M. Thiers lui-même. Vous vous êtes faits les champions de la République conservatrice, et c'est vous qui, par vos fausses manœuvres, lui portez, comme l'ours de la fable, les coups les plus rudes. A quoi sert, par exemple, la proposition de M. Casimir Périer ? A donner des armes aux légitimistes et à jeter l'inquiétude dans le pays. Vous demandez la proclamation de la République définitive, et vous ajoutez une clause qui permet de la réviser. Or, quelque chose que l'on peut réviser, ne peut être définitif, c'est tout simplement un non-sens.

Par réprésailles, vos adversaires vont demander le rétablissement de la monarchie ; ces deux propositions rivales donneront lieu à de nouveaux discours, à de nouvelles querelles, toutes les deux seront repoussées et dans tous les cas n'obtiendront pas une majorité suffisante pour être imposées. Pendant ce temps-là le gâchis qui nous paraît déjà assez complet, ira toujours en augmentant, les affaires seront arrêtées et la dissolution deviendra inévitable.

Cette dissolution dans un pareil moment serait déplorable, et aurait des conséquences difficiles à prevoir. Toute la responsabilité en retombera sur vous.

Si le but que vous vous proposez est bien celui que vous mettez en avant, vous allez chercher bien loin ce que vous avez sous la main. Il est clair, en effet, pour tout le monde, que le gouvernement que vous demandez ne peut être fondé en France qu'à l'aide d'un homme ferme, loyal, exempt de tout intérêt personnel, et capable d'être respecté par tous les partis. Cet homme est tout trouvé, il occupe la présidence, au lieu de lui créer des difficultés, serrez-vous donc autour de lui, et organisez ses pouvoirs de concert avec le centre droit sans demander davantage. Les choses marcheront d'elles-mêmes ; nous sommes en République, c'est indéniable ; cette République est conservatrice, c'est encore évident ; elle doit durer sept ans, c'est déjà bien beau, et à la fin de ces sept années le pays surpris et charmé s'étonnera probablement d'avoir pu penser à une autre forme de gouvernement. Vos désirs seront réalisés, sans secousses, sans orages parlementaires, le rêve de M. Thiers sera accompli, un peu sans lui il est vrai, mais qu'importe ? L'ex-président est trop intelligent, pour ne pas se dire qu'un vieillard de 77 ans, que le moindre rhume, le moindre accident, peut rendre incapable de s'occuper d'affaires, ne peut être un chef convenable pour la France en un moment aussi critique. Telle est la solution simple et naturelle de ce gâchis parlementaire dans lequel nous sommes plongés, nous ajouterons même qu'elle est inévitable, parce qu'il n'y en a pas d'autres. Tous les partis sont impuissants ; les radicaux excitent une défiance universelle ; le prince impérial est un enfant et avant de songer à gouverner les autres, il faut apprendre à se gouverner soi-même ; les d'Orléans ont abdiqué, et le comte de Chambord après avoir enterré la monarchie légitime de ses propres mains, vient encore de jeter une dernière pelletée de terre sur son cercueil.

Il n'y a donc plus qu'une seule chose à faire : garder le gouvernement actuel, se serrer autour de lui après l'avoir organisé, faire taire nos préférences personnelles pour ne songer qu'à donner quelques années de tranquillité à notre pauvre France. A cette condition et à cette condition seulement, nous pourrons vivre, reprendre des forces, et attendre des jours meilleurs.

Niherne, 10 juillet 1874.

CHATEAUROUX. — TYPOGRAPHIE ET STÉRÉOTYPIE A. NURET ET FILS.

www.ingramcontent.com/pod-product-compliance
Lightning Source LLC
Chambersburg PA
CBHW051445060726

47596CB00006B/2635